このシリーズは、「きみを強くする人権《じんけん》とSDGs《エスディージーズ》の本」といいます。この題名から、「いったいどんな中身の本なのかな」と思った人も多いのではないでしょうか。「人権《じんけん》」と「SDGs《エスディージーズ》」という言葉は、それぞれに聞いたことがあるでしょうが、その二つがなぜ結《むす》びついているのか不思議《ふしぎ》に感じたかもしれません。それに、どうして「人権《じんけん》とSDGs《エスディージーズ》」が「きみを強くする」のか、わからないかもしれません。

毎日の暮《く》らしの中で、「人権《じんけん》」が関《かか》わっていることは、意外にたくさんあります。身のまわりのほとんどのことが「人権《じんけん》」と関係《かんけい》があるといってもよいほどです。家庭で安全に暮《く》らすことができ、生きていくのに必要《ひつよう》な食事や衣服《いふく》などが手に入り、学校で勉強できる。国民《こくみん》が働《はたら》くことでそれぞれの生活が安定し、社会全体が豊《ゆた》かになる。これらはすべて、「人権《じんけん》」が関係《かんけい》しているのです。

この本を読むみなさんへ

伊藤賀一《いとうがいち》
（監修《かんしゅう》者）

「人権《じんけん》」とは、各個人《かくこじん》が平等・自由であることを前提《ぜんてい》とした「人間らしく生きる権利《けんり》」のことです。そんなの当たり前でしょ、と思うかもしれませんが、「人権《じんけん》」の尊重《そんちょう》が当たり前のことになるまでには長い年月がかかりました。今でもじゅうぶんに「人《じん》権《けん》」が尊重《そんちょう》されていない例《れい》は、日本にも世界にもあります。

2015年に国際連合《こくさいれんごう》は、2030年までに世界をよくするための17の目標《もくひょう》である「SDGs《エスディージーズ》」を定めました。そこには、「人権《じんけん》」を守るための目標《もくひょう》がたくさんあります。そこで、この本では「人権《じんけん》とSDGs《エスディージーズ》」とを関連《かんれん》づけて考えることで、そのつながりをわかりやすく理解《りかい》してもらえるようにしています。

自分の意思を持って、自分らしく生きるには、強さが必要《ひつよう》です。それは、自分やまわりの人を守ることにもなります。その強さを身につけるための方法《ほうほう》のひとつが「人権《じんけん》」について深く知り、考えることだと思います。「人権《じんけん》とSDGs《エスディージーズ》」が「きみを強くする」というのは、まさにこのことをさしているのです。

また、「人権《じんけん》」を知ると、まわりの人たちを大切に思い、尊《そん》重《ちょう》するようになります。それは、みんなが幸せになり、SDGs《エスディージーズ》が達成《たっせい》される社会の実現《じつげん》につながるはずです。

きみを強くする人権とSDGsの本

しっかりとした自分の意思を持って、自分らしく生きていくためには、強さが必要です。強さを持つことで、自分自身やまわりの人々を守ることができます。その強さを身につける方法のひとつが「人権」について知り、考えることです。また、「人権とSDGs」を関連づけて考えることが、きみを強くすることにつながるのです。

「人権」とは「人間らしく生きる権利」のことです。現在は、人権を尊重することは当然のことだと考えられています。しかし、今もじゅうぶんに「人権」が尊重されていない例は、日本にも世界にもたくさんあります。世界をよくする目標であるSDGsには、人権を守るための目標がたくさんあります。

監修 伊藤賀一

この巻では、今世界で、人権に関するどのような問題が起こっているかを探ります。とくに、SDGsの中でも人権と深い関わりがある問題を取り上げ、その現状や対策について調べましょう。また、私たちになにができるかを考えていきましょう。

3 つくろう！ SDGsが拓《ひら》く未来

小峰書店

この本に登場する仲間《なかま》たち

ごくふつうの小学生たちと、なぞの宇宙《うちゅう》人が、社会のさまざまな疑問《ぎもん》にぶつかります。あなたも、いっしょに考えてみましょう。

宇宙《うちゅう》人
ゾロメのうちに住んでいる。宇宙《うちゅう》から地球に来たらしいが、その目的《もくてき》はなぞ。

ゾロメ
よくぼーっとしているが、考えごとが好《す》き。

フーコ
なにかにおこっていることが多く、気が強い。

ムニエル
宇宙《うちゅう》人の友だちののらネコ。

ガイチ先生
ゾロメたちの担任《たんにん》の先生。時にやさしく、時に厳《きび》しく教えてくれる。

3 つくろう! SDGsが拓《ひら》く未来

もくじ

きみを強くする人権とSDGsの本

リョータ
勉強はよくできる。が、
自分に自信《じしん》がない。

ヒロシ
サッカー少年。
自信《じしん》家。

サヨコ
冷《ひ》ややかな目で
人を見る。

※この本は、とくに断《ことわ》りのない限《かぎ》り、2022年2月時点の情報《じょうほう》にもとづいています。

未来《みらい》のためのSDGs《エスディージーズ》

進むグローバル化

　交通機関《きかん》の進歩によって、世界の人々の行き来がさかんになりました。また、通信技術《つうしんぎじゅつ》の発達《はったつ》により、たくさんの情報《じょうほう》を瞬時《しゅんじ》に手に入れることが可能《かのう》になっています。国や地域《ちいき》の間の境界《きょうかい》をこえて、文化や政治《せいじ》、経済《けいざい》の結《むす》びつきが深まることをグローバル化といいます。

　グローバル化の進展《しんてん》は、世界経済《けいざい》の発展《はってん》や国際協力《こくさいきょうりょく》を進めることになります。しかし、そのいっぽうで、経済的《けいざいてき》な競争《きょうそう》が激《はげ》しくなったり、異《こと》なる文化が交わることで対立が生じたりもします。新しい感染症《かんせんしょう》が短期間のうちに世界中に広まったのも、グローバル化が一因《いちいん》といえるでしょう。

©PIXTA

日本を訪《おとず》れる外国からの観光《かんこう》客。
今後も、ちがった文化を持つ人と接《せっ》することが増《ふ》えていくだろう。

©PIXTA

インターネットの普及《ふきゅう》により、情報《じょうほう》の受信《じゅしん》や発信《はっしん》が手軽になっている。

私《わたし》たちは世界とつながっている

　インターネットなどの普及《ふきゅう》により、グローバル化が進む現代《げんだい》では、私《わたし》たちは、世界の人々とつながっていると考えられます。地球温暖《おんだん》化などの環境《かんきょう》問題は、国境《こっきょう》をこえた地球全体の問題ですが、それと同じように、貧困《ひんこん》や飢《き》餓《が》、不《ふ》平等、差別《さべつ》など、人権《じんけん》に関《かか》わる問題も、全世界の人々が関係《かんけい》しているといえます。

　日本にいる私《わたし》たちは、戦争《せんそう》や紛争《ふんそう》、またそれにともなう難民《なんみん》の問題などを、遠くで起こっていることとしてとらえがちです。しかし、これらの問題は決してひとごとではありません。無関心《むかんしん》であってはならないのです。

SDGs《エスディージーズ》の達成《たっせい》が人権《じんけん》問題の解決《かいけつ》に

世界で起こっているさまざまな問題を解決《かいけつ》し、持続可能《じぞくかのう》な社会を築《きず》くために決められた17の目標《もくひょう》がSDGs《エスディージーズ》です。1巻《かん》の4～9ページでも述《の》べたように、SDGs《エスディージーズ》の目標《もくひょう》の多くは、人権《じんけん》の問題と深く関《かか》わっています。SDGs《エスディージーズ》を達成《たっせい》することが人権《じんけん》問題を解決《かいけつ》することにつながっているのです。

国際紛争《こくさいふんそう》や内戦《ないせん》は、多くの人の人権《じんけん》を損《そこ》なうことになる。　Fly_and_Dive/Shutterstock.com

SDGs《エスディージーズ》の17の目標《もくひょう》

地球に暮《く》らす地球市民《しみん》として…

私《わたし》たちはそれぞれ、地球に暮《く》らす、世界とつながったひとりの人間です。地球市民《しみん》として、人種《じんしゅ》や国境《こっきょう》をこえて、地球規模《きぼ》の問題を解決《かいけつ》していく必要《ひつよう》があります。

今世界でどのような人権《じんけん》問題が起こっているのか、その原因《げんいん》はなにかについて目を向けましょう。そして、それらの問題を解決《かいけつ》するにはどうしたらよいか、自分たちにできることはなにかについて考えてみてください。それが、地球に暮《く》らすすべての人にとってすばらしい未来《みらい》を築《きず》くことにつながるのです。

児童《じどう》労働《ろうどう》

働《はたら》かされる子どもたち

新しいゲームソフトがほしいなあ。
でも、お金がない。
くらい顔して…
どうしたの?
働《はたら》いて、お金をかせげないかな。
だめよ!
子どもが働《はたら》くなんて、だめに決まっているよ!
でも、勤労《きんろう》は国民《こくみん》の権利《けんり》で義務《ぎむ》だって…。
そ
そうか、じゃあいいのかも…。
ちょっと待って!
働《はたら》くことは大事なことだけど、子どもには教育が受けられなくなるなど、よくない面が多い。
いっつもいきなり!
それなのに、世界には、学校にも行けず、働《はたら》いている子どももいるよ。
子どもの人権《じんけん》をうばう大きな問題なんだよ。
ひどい。子どもを働《はたら》かせるなんて…。
だって…
さっきと大ちがい…。

子どもの人権《じんけん》を損《そこ》なう児童労働《じどうろうどう》

心と体の成長《せいちょう》期にある子どもたちには、教育を受けることをはじめ、遊んだり休んだりしながら、すこやかに育つ権利《けんり》があります。

しかし、世界じゅうに、子どもたちが小さいころから働《はたら》かされる児童労働《じどうろうどう》の問題があります。とくにアフリカやアジアには、働《はたら》く子どもが大勢《おおぜい》います。

SOMRERK WITTHAYANANTI /Shutterstock.com

プランテーション（農園）で働《はたら》く子どもたち（タイ）。

児童労働《じどうろうどう》とは…

Sk Hasan Ali/Shutterstock.com

縫製《ほうせい》工場で働《はたら》く子どもたち（バングラデシュ）。

国際的《こくさいてき》に、労働《ろうどう》してもよい年齢《ねんれい》は15歳以上《さいいじょう》とされ、健康《けんこう》や安全などを損《そこ》なうおそれのある労働《ろうどう》は、18歳以《さいい》上《じょう》とされています。それぞれの年齢《ねんれい》より低《ひく》い年齢《ねんれい》で働《はたら》かされることを、児童労働《じどうろうどう》といいます。

児童労働《じどうろうどう》の約《やく》70%は、農林水産《すいさん》業での労働《ろうどう》で、そのほか、工業系《けい》の仕事、サービス業などがあります。農業などにはどうしても人手が必要《ひつよう》なので、子どもの労働《ろうどう》力もあてにされてしまうのです。

児童労働《じどうろうどう》はなぜいけない？

心身の成長《せいちょう》期にある子どもが働《はたら》くことは、健全《けんぜん》な成長《せいちょう》のさまたげになったり、教育を受ける機会《きかい》を失《うしな》ったりすることにつながります。生存権《せいぞんけん》や教育権《けん》といった権利《けんり》が損《そこ》なわれていることになるのです。また、子どもが働《はたら》いてもじゅうぶんな賃金《ちんぎん》が支《し》はらわれないこともあります。これらは、子どもの虐待《ぎゃくたい》や、子どもからの搾取《さくしゅ》（うばい取ること）とも考えられます。

このような理由から、児童労働《じどうろうどう》が禁止《きんし》されているのです。

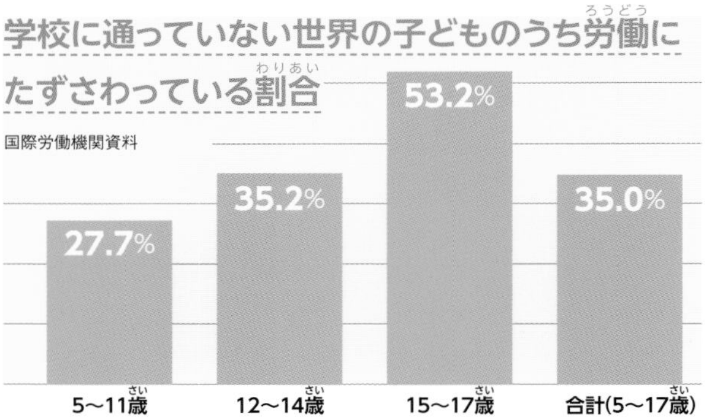

児童労働《じどうろうどう》で生存権《せいぞんけん》や教育権《けん》が損《そこ》なわれる

SDGs《エスディージーズ》では、「8 働《はたら》きがいも経済成長《けいざいせいちょう》も」で、児童労働《じどうろうどう》をなくすことをかかげています。

世界の児童労働《じどうろうどう》

国際労働機関《こくさいろうどうきかん》（ILO《アイエルオー》）の調査《ちょうさ》では、５～17歳《さい》の児童労働《じどうろうどう》者数は約《やく》１億《おく》6000万人で、世界の子どもの10人に１人に当たります。また、そのうちの7900万人は、危険《きけん》または人体に有害《ゆうがい》な労働《ろうどう》をしています。

児童労働《じどうろうどう》が多い地域《ちいき》は、アフリカ、アジアです。とくにアフリカでは、約《やく》２割《わり》の子どもが児童労働《じどうろうどう》をしています。

日本でも、貧困《ひんこん》などが原因《げんいん》で、児童買春《じどうばいしゅん》・児童《じどう》ポルノ禁止法《きんしほう》などにふれる性的《せいてき》なサービスをする仕事につかされている子どもがいます。

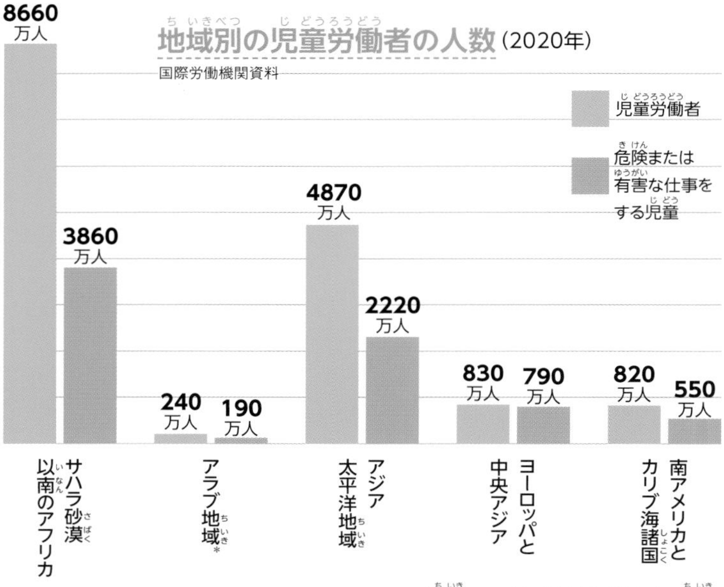

＊アラブ地域《ちいき》：アラビア語を母国語とする地域《ちいき》。

2025年までに児童労働《じどうろうどう》をなくす

andrea trevisani/Shutterstock.com

貧《まず》しい暮《く》らしが、児童労働《じどうろうどう》の原因《げんいん》のひとつとなっている。

児童労働《じどうろうどう》が起こる原因《げんいん》のひとつに、貧困《ひんこん》があります。家の収入《しゅうにゅう》が少ないため、子どもでも働《はたら》かないと家族が生活できないことが多いのです。

また、子どもを働《はたら》かせないで学校に通わせようという意識《いしき》が大人たちにとぼしいことも原因《げんいん》のひとつです。とくに、女子に教育は不《ふ》要《よう》であり、女子は学校に行かないで働《はたら》くものだという考えが根強く残《のこ》っている地域《ちいき》もあります。

このような状況《じょうきょう》を改《あらた》めようと、SDGs《エスディージーズ》の「８ 働《はたら》きがいも経済成長《けいざいせいちょう》も」の中に、「2025年までにあらゆる形態《けいたい》の児童労働《じどうろうどう》をなくす」という目標《もくひょう》が盛《も》りこまれています。

児童労働《じどうろうどう》をなくすための対策《たいさく》

写真提供：ACE

ガーナの「児童労働《じどうろうどう》フリーゾーン設立《せつりつ》のためのガイドライン発効宣《はっこうせん》言《げん》」の会合に参加《さんか》する子どもたち。

◉子どもへの教育で経済《けいざい》を豊《ゆた》かにする

国際的《こくさいてき》な問題である児童労働《じどうろうどう》を解決《かいけつ》するため、国際《こくさい》労働機関《ろうどうきかん》や各国政府《かっこくせいふ》がさまざまな取り組みを行っています。

そのひとつに、政府《せいふ》が子どもたちにじゅうぶんな教育を受けられる環境《かんきょう》を整え、知識《ちしき》や技術《ぎじゅつ》を身につけさせることで、大人になってから生産性《せいさんせい》の高い仕事ができるようになることをめざす国があります。そうすることで、収《しゅう》入《にゅう》が安定し、その国の経済《けいざい》が豊《ゆた》かになるのです。

例《たと》えば、アフリカのガーナでは、児童労働《じどうろうどう》の解決《かいけつ》が進む地区を「児童労働《じどうろうどう》フリーゾーン」として、地域《ちいき》全体で子どもの権利《けんり》が守られるようにしています。

◉児童労働《じどうろうどう》による製品《せいひん》を買わない

児童労働《じどうろうどう》をさせている農園や工場などには、先進国の企業《きぎょう》が管理《かんり》したり、製造《せいぞう》の注文を出したりしているところが多数あります。このような農園や工場では、子どもを働《はたら》かせることで、賃金《ちんぎん》をおさえ、製品《せいひん》を安くつくっているのです。

近年は、先進国の企業《きぎょう》などから、児童労働《じどうろうどう》をさせている工場などへは注文しないという動きも出てきています。また、私《わたし》たちが、児童労働《じどうろうどう》によってつくられた製品《せいひん》を買わないように気をつけることで、児童労働《じどうろうどう》をなくしていくことができます。

エシカル消費《しょうひ》で人権《じんけん》を守る

環境《かんきょう》や人のことを考えた製品《せいひん》を選《えら》んで買うことを、「エシカル消費《しょうひ》」といいます。「エシカル」とは「道徳的《どうとくてき》に正しい」という意味です。児童労働《じどうろうどう》のように、よくない労働《ろうどう》によってつくられた製《せい》品《ひん》を買わないことも、エシカル消費《しょうひ》のひとつです。これを意識《いしき》することが、子どもの人権《じんけん》を守ることにつながります。

FAIRTRADE

国際《こくさい》フェアトレード認証《にんしょう》ラベル

イオン

公平な取り引きが行われていることを認証《にんしょう》する国際《こくさい》フェアトレード認証《にんしょう》ラベルと、ラベルがついている商品。

貧困《ひんこん》や食料不安《しょくりょうふあん》に苦しむ人々

ゲフ…
ふう、おなかいっぱい。
コンビニ弁当《べんとう》
もう食べられないや。
捨《す》てちゃおう!
ごちそうさまー
ちょっと!もったいないでしょ!
ニャァ
え、でも…。
世界には、食べ物に困《こま》っている人も多いんだよ。
ニャッ
そうだけど…。
その通りだね。
センセー
アフリカやアジアには、食料不足《しょくりょうぶそく》で困《こま》っている人が大勢《おおぜい》いる。生存権《せいぞんけん》に関《かか》わる問題だ。
くる
でも、ぼくが食《た》べ残《のこ》しを捨《す》てることとは関係《かんけい》ないんじゃ…。
そんなことはないよ!
くる
めぐりめぐって、食料不足《しょくりょうぶそく》を解消《かいしょう》することになるかもしれないんだ。
くる
ぐう〜
すみませんでした。話しているうちにおなかすいたから食べちゃおう。
それがいいよ

生きるのが困難《こんなん》な人々

日本をふくめた先進国では、貧《まず》しさや食べ物が手に入らないことが原因《げんいん》で命を落とすことは、まずありません。人が人らしく生きる生存権《せいぞんけん》を、国が保障《ほしょう》するしくみが整っているからです。

しかし、世界には、極度《きょくど》に貧《まず》しい暮《く》らしをしいられ、食べるものがなく、健康《けんこう》や命を損《そこ》なう人も多くいます。

clicksabhi/Shutterstock.com

生活のために、ごみ置《お》き場《ば》から使えるものを拾う子ども（インド）。

世界の貧困《ひんこん》と飢餓《きが》

世界には、1日1.9ドル（約《やく》220円）以内《いない》で暮《く》らさなければならない人が7億《おく》人以上《いじょう》もいます（→1巻《かん》20ページ）。

また、10人に1人が、その日食べるものがなく、翌日《よくじつ》以降《いこう》も食べ物を得《え》られるかどうかわからないという、深刻《しんこく》な食料不安《しょくりょうふあん》の状態《じょうたい》にあります。こうした飢餓《きが》の原因《げんいん》には、こう水やかんばつなどの自然災害《しぜんさいがい》で農作物がとれなくなること、紛争《ふんそう》のために農作業ができなくなることなどが挙《あ》げられます。

食料不安《しょくりょうふあん》をかかえる人の割合《わりあい》

（2019年）

2020 The State of Food Security and Nutrition in the World, FAO, IFAD, UNICEF, WFP and WHO

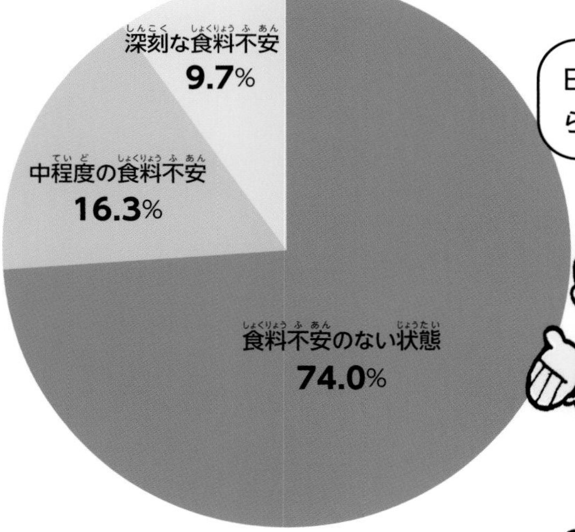

貧困《ひんこん》・飢餓《きが》と人権《じんけん》

貧困《ひんこん》や飢餓《きが》は、どちらも人の命に関《かか》わる問題です。貧困《ひんこん》や飢餓《きが》の問題がある状態《じょうたい》では、人らしく生きているとはいえません。いったん貧困《ひんこん》や飢《き》餓《が》の状態《じょうたい》になると、収入《しゅうにゅう》の安定した仕事につくことが難《むずか》しくなり、その状態《じょうたい》からぬけ出しにくくなります。

人が人らしく生きることは、基本的人権《きほんてきじんけん》と考えられる社会権《けん》のうち、生存権《せいぞんけん》に当たります。貧困《ひんこん》や飢餓《きが》の状態《じょうたい》は、生存権《せいぞんけん》が保障《ほしょう》されていない状《じょう》態《たい》だといえます。

Vlad Karavaev/Shutterstock.com

貧《まず》しい人々が集まっている地域《ちいき》（ケニア）。

貧困《ひんこん》や飢餓《きが》で生存権《せいぞんけん》がおびやかされる

貧困《ひんこん》や飢餓《きが》のために、生存権《せいぞんけん》がおびやかされている人々が大勢《おおぜい》います。
SDGs《エスディージーズ》では、貧困《ひんこん》と飢餓《きが》をなくすことが目標《もくひょう》となっています。

貧《まず》しい人をなくす目標《もくひょう》

SDGs《エスディージーズ》の「1 貧困《ひんこん》をなくそう」は、貧《まず》しい状態《じょうたい》にある人がいないようにしようとするものです。貧困《ひんこん》は、その人だけの努力《どりょく》ではどうしようもない場合があります。国のしくみやサービスを整え、経済《けいざい》を発展《はってん》させて仕事を増《ふ》やすことなどで、貧《まず》しい人をなくしていくことができます。

また、貧困《ひんこん》のために病気になることも多いので、そのような人が医療《いりょう》を受けられるようにすることも求《もと》められます。

社会的《てき》な差別《さべつ》がもとで貧《まず》しい生活を送らざるを得《え》ない人も多く、社会的差別《てきさべつ》をなくしていくことも、貧困《ひんこん》を生まないことにつながります。

Gonzalo Bell/Shutterstock.com

貧《まず》しい地区での医療支援《いりょうしえん》（タンザニア）。

飢餓《きが》をなくす目標《もくひょう》

SDGs《エスディージーズ》の「2 飢餓《きが》をゼロに」は、食べ物がじゅうぶんに手に入れられず、栄養不足《えいようぶそく》になったり、命を落としたりする人をなくす目標《もくひょう》です。とくに、乳幼児《にゅうようじ》や妊娠《にんしん》中の女性《じょせい》の栄養不足《えいようぶそく》は、子どもの成長《せいちょう》にあたえる影響《えいきょう》が大きいので力を入れる必要《ひつよう》があります。

だれもがじゅうぶんな食料《しょくりょう》を手に入れられるようにするには、とくに開発途上《とじょう》国では、井戸《いど》などを整備《せいび》するなど、農業を効率《こうりつ》よく行えるようにすることが重要《じゅうよう》です。また、食料《しょくりょう》を必要《ひつよう》な場所に運ぶための道路や鉄道などを整備《せいび》し、そのための労働《ろうどう》力となる人を確保《かくほ》することが求《もと》められます。

Richard Juilliart/Shutterstock.com

紛争《ふんそう》の影響《えいきょう》で難民《なんみん》になった人（エチオピア）。難民《なんみん》キャンプでは、じゅうぶんな食《しょく》料《りょう》を得《え》られないこともある。

生存権《せいぞんけん》を守るための対策《たいさく》

◉食料《しょくりょう》が不足《ふそく》する地域《ちいき》への食料支援《しょくりょうしえん》

国際連合《こくさいれんごう》（国連《こくれん》）の機関《きかん》は、自然災害《しぜんさいがい》や紛争《ふんそう》など、さまざまな原因《げんいん》で食料《しょくりょう》が不足《ふそく》している地域《ちいき》に、食料《しょくりょう》の援助《えんじょ》をしています。国連《こくれん》の世界食糧《しょくりょう》計画（ＷFP《ダブリューエフピー》）は、食料支《しょくりょうし》援《えん》に取り組む1000以上《いじょう》のNGO《エヌジーオー》（非政府組《ひせいふそ》織《しき》）と連携《れんけい》して、毎年約《やく》80の国・地域《ちいき》に船や飛行機《ひこうき》、トラックなどで食料《しょくりょう》を送り、約《やく》8000万人分の食料支援《しょくりょうしえん》をしています。

世界食糧《しょくりょう》計画や連携《れんけい》するNGO《エヌジーオー》に寄付《きふ》をすることで、私《わたし》たちも食料支援《しょくりょうしえん》に協力《きょうりょく》することができます。

ChameleonsEye/Shutterstock.com

食料《しょくりょう》が不足《ふそく》している地域《ちいき》に食料《しょくりょう》を運ぶ、国連《こくれん》の世界食糧《しょくりょう》計画のトラック。食料支援《しょくりょうしえん》活動を行う場所は、紛争《ふんそう》のある地域《ちいき》であることが多い。

◉食品ロスを減《へ》らす

貧困《ひんこん》や食料不足《しょくりょうぶそく》の地域《ちいき》があるいっぽうで、先進国では、食べられる食べ物を捨《す》ててしまう食品ロスが問題になっています。

現在《げんざい》、日本だけで、年間約《やく》570万トン（2019年度）もの食品ロスがあります。日本は、食料《しょくりょう》の約《やく》60%を海外からの輸入《ゆにゅう》にたよっている（カロリーベース）ため、食品ロスを減《へ》らすことで、食料《しょくりょう》を必要《ひつよう》としている地域《ちいき》に回せると考えられます。

食べ物を大切に

日本の食品ロスの約《やく》半分は家庭から、残《のこ》り半分は、レストランやスーパー、コンビニなどの事業者から出ています。

家庭から出る食品ロスを減《へ》らすには、必要以上《ひつよういじょう》に食品を買わないこと、料理《りょうり》をつくり過《す》ぎないこと、残《のこ》った食べ物は適切《てきせつ》に保存《ほぞん》し、早めに食べることなどの方《ほう》法《ほう》があります。

ジェンダー

男女の不《ふ》平等とLGBTQ《エルジービーティーキュー》差別《さべつ》

みんなで運動会の準備《じゅんび》をしています。
ちょっとぉ
重いものは男子が運んでよ!
わい わい
!
その発言、聞《き》き捨《ず》てならないね。
え?
男子は力が強い、だから重いものを運ぶべきだというのは思いこみに過《す》ぎないんだ。
そうかな。
ピーーーッ
そうだね。リョータくんのいう通りだ。
先生。男子は「くん」、女子は「さん」と呼《よ》ぶのもどうなんでしょう。
おかしくないですか?
確《たし》かに。そういうことも考えていかないとね。
ジェンダーの不《ふ》平等をなくしていかないとね。
そうだね…
わかった。じゃあ、これは私《わたし》たちが運ぶ。
おーっ
ところで、宇宙《うちゅう》人にも性別《せいべつ》があるのかなあ。
しれ〜

性《せい》に関《かん》する人権《じんけん》問題

男性《だんせい》と女性《じょせい》の役割《やくわり》を決めつけることによって、男女の不《ふ》平等が生まれます（→1巻《かん》12ページ）。そのため、女性《じょせい》が教育や労働《ろうどう》で差別《さべつ》を受け、社会進出がさまたげられることがあります。

また、男性《だんせい》と女性《じょせい》という生まれつきの性別《せいべつ》でなく、体と心の性《せい》が一致《いっち》しない人、好《す》きになる人の対象《たいしょう》が同性《どうせい》など、LGBTQ《エルジービーティーキュー》の人が差別《さべつ》される問題もあります。

これらは、人の平等権《けん》をおかすものと考えられます。

YAKOBCHUK VIACHESLAV/Shutterstock.com

社会で、女性《じょせい》が差別《さべつ》やハラスメント（いやがらせ）を受けることがある。

ジェンダーの不《ふ》平等の問題

多くの国で、男女の不《ふ》平等の問題があります。2021年に、国会議員《ぎいん》の半数以上《いじょう》が女性《じょせい》の国はわずか４か国でした。6～11歳《さい》の子どものうち、一生学校に通えない女子は男子の２倍《ばい》にのぼります。また、南アジアやサハラ砂漠以南《さばくいなん》のアフリカでは、子どものうちに結婚《けっこん》させられる女子が大勢《おおぜい》います。

LGBTQ《エルジービーティーキュー》(性的《せいてき》少数者)の問題

好《す》きになる対象《たいしょう》が同性《どうせい》であったり、男女両性《りょうせい》であったりする人などを、LGBTQ《エルジービーティーキュー》といいます。LGBTQ《エルジービーティーキュー》は、社会の中で少数であるため、学校や職場《しょくば》などで差別《さべつ》を受けたり、偏見《へんけん》を持って見られたりすることがあります。また、同性《どうせい》での結婚《けっこん》が認《みと》められないなど、社会的《てき》な不利益《ふりえき》を受けることがあります。

L（レズビアン）	女性《じょせい》を好《す》きになる女性《じょせい》
G（ゲイ）	男性《だんせい》を好《す》きになる男性《だんせい》
B（バイセクシュアル）	女性《じょせい》も男性《だんせい》も好《す》きになる人
T（トランスジェンダー）	心の性《せい》と体の性《せい》が合っていないと感じる人
Q（クエスチョニングまたはクイア）	性的《せいてき》指向が定まっていない人

日本のジェンダー平等はおくれている!?

各国《かっこく》のジェンダー平等の度合いを比較《ひかく》すると、日本は156か国中で120位《い》でした（2021年）。政治《せいじ》家や企業《きぎょう》の役員などの女性《じょせい》の割合《わりあい》が低《ひく》いことが指摘《してき》されています。

各国《かっこく》のジェンダー平等の度合い

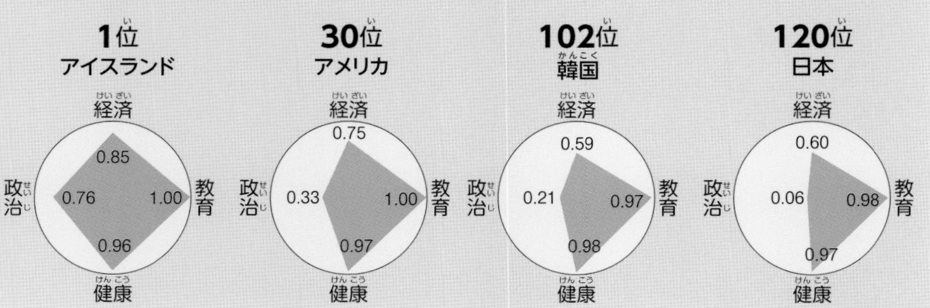

Global Gender Gap Report 2021

女性《じょせい》やLGBTQ《エルジービーティーキュー》への差別《さべつ》で平等権《けん》が損《そこ》なわれる

SDGs《エスディージーズ》では、ジェンダー平等を目標《もくひょう》に、すべての女性《じょせい》へのあらゆる差別《さべつ》をなくそうとしています。
また、そのほかの面でも不《ふ》平等をなくそうとしています。

平等権《けん》を保障《ほしょう》する

ジェンダー平等や、LGBTQ《エルジービーティーキュー》など少数派《は》の人への差別《さべつ》をなくすことは、基本的人権《きほんてきじんけん》のひとつである平等権《けん》を保障《ほしょう》することになります。人はどのような理由でも差別《さべつ》されることがあってはならないのです。

ジェンダーの不《ふ》平等は、多くの人が無意識《むいしき》のうちに決めつけている男性《だんせい》と女性《じょせい》の役割《やくわり》についての思いこみがもとになっています。

男性《だんせい》も女性《じょせい》も社会を支《ささ》える中で平等であること、男性《だんせい》であることや女性《じょせい》であることを理由に差《さ》別《べつ》されることのない社会の実現《じつげん》が望《のぞ》まれます。

ASDF_MEDIA/Shutterstock.com

女性《じょせい》も男性《だんせい》も、同じように能力《のうりょく》を発揮《はっき》できる職場《しょくば》をめざす。

性《せい》についての新しい考え方

以前《いぜん》は、世の中には男性《だんせい》か女性《じょせい》しかなく、たがいに異性《いせい》を好《す》きになり、やがて結婚《けっこん》して子どもを産《う》むのが“ふつう”であるとされていました。そのため、心と体の性《せい》が一致《いっち》しない人や同性《どうせい》を好《す》きになる人などは、“ふつう”ではないとされ、差別《さべつ》を受けたり、ひどい場合は法律《ほうりつ》で罰《ばっ》せられたりすることもありました。

しかし、近年は、性的《せいてき》マイノリティ（少数者）も異常《いじょう》などではなく、ひとつのあり方であると考えられるようになってきました。まだまだ法律《ほうりつ》面などの整備《せいび》はおくれていますが、おたがいを尊重《そんちょう》し、平等にあつかわれる社会になりつつあります。

mavo/Shutterstock.com

同性《どうせい》のカップルも多様な性《せい》のあり方のひとつと認《みと》め、社会のしくみを変《か》えていこうとする動きがある。

まだ偏見《へんけん》もある
けど、じょじょに
認《みと》められるよう
になっているよ。

女性《じょせい》やLGBTQ《エルジービーティーキュー》への差別《さべつ》をなくすための対策《たいさく》

◉女性《じょせい》への差別《さべつ》をなくすための対策《たいさく》

先進国では、企業《きぎょう》などが、従業員《じゅうぎょう》をやとうときや働《はたら》く際《さい》の待遇《たいぐう》、昇進《しょうしん》などを男女で差別《さべつ》することを禁止《きんし》する法律《ほうりつ》を整えています。また、男性女性《だんせいじょせい》を問わず、育児休暇《いくじきゅうか》を取りやすくして、女性《じょせい》が継続《けいぞく》して働《はたら》きやすい環境《かんきょう》をつくっています。さらに、女性《じょせい》に対するハラスメントの防止《ぼうし》にも努《つと》めています。

開発途上《とじょう》国では、女性差別《じょせいさべつ》や低年齢《ていねんれい》での結婚《けっこん》は、古い考えが残《のこ》っているために起こる場合が多いことから、教育や法律《ほうりつ》を整えることで変《か》えていく取り組みが行われています。

育児休暇取得率《いくじきゅうかしゅとくりつ》の移《うつ》り変《か》わり

厚生労働省「雇用均等基本調査」

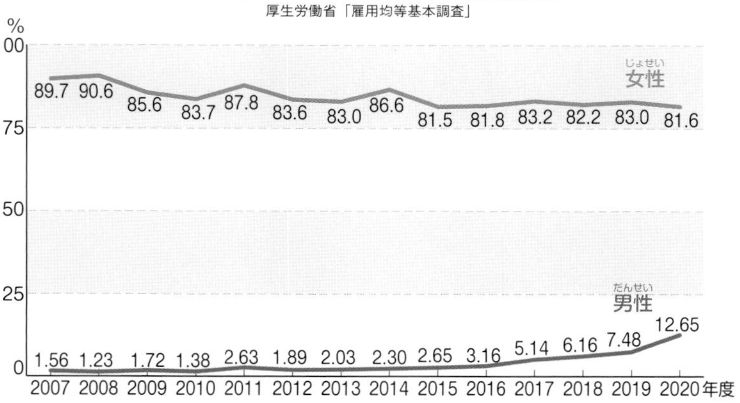

◉LGBTQ《エルジービーティーキュー》への差別《さべつ》をなくす動き

20世紀《せいき》の終わりごろから、LGBTQ《エルジービーティーキュー》の人が平等をうったえる運動がさかんになりました。2010年に国連事務総長《こくれんじむそうちょう》は、LGBT《エルジービーティー》の平等に関《かん》する演説《えんぜつ》を行い、LGBT《エルジービーティー》に対する暴力《ぼうりょく》や差別《さべつ》に取り組むよう、うったえました。

この動きは世界的《てき》に高まり、ヨーロッパやアメリカ、南アメリカの国々で、同性婚《どうせいこん》を認《みと》める法律《ほうりつ》ができるようになりました。体と心の性《せい》が一致《いっち》しない人が、法律《ほうりつ》上の性別《せいべつ》を自分の希望《きぼう》に合わせて変《か》えることを認《みと》める国も増《ふ》えています。

lazyllama/Shutterstock.com

LGBTQ《エルジービーティーキュー》の権利《けんり》をうったえるプライドパレード（アメリカ・ニューヨーク）。

日本のLGBTQ《エルジービーティーキュー》をめぐる動き

日本では、2022年２月時点で、法律《ほうりつ》上の同性婚《どうせいこん》は認《みと》められていません。しかし、地方公共団体《こうきょうだんたい》の中には、同性《どうせい》カップルを認《みと》める証明《しょうめい》書を発行しているところもあります。また、中学校や高校などで、性別《せいべつ》に関係《かんけい》なく制服《せいふく》のスラックスやスカートなど、アイテムを選《えら》べるところも増《ふ》えています。

提供：株式会社トンボ／トンボ学生服

男女とも自由に選《えら》べるジェンダーレス制服《せいふく》。

差別《さべつ》

人種《じんしゅ》や宗教《しゅうきょう》などによる差別《さべつ》

こんにちは。
外国人!!
えー、あー、英語《えいご》わかりません!
あせあせ
日本語じゃない!
そうか。
駅はどっちですか?
えきか!!
ああ行って、こう曲がって…。
ありがとう!
てっきり英語《えいご》で話しかけられたかと思った。
あせったぁ…
人を見た目で判断《はんだん》してはいけないね。
それが差別《さべつ》につながることもあるんだ。
先生!
ぬん
おたがいを理解《りかい》することが大切だね。
はい
ぐ
今度は英語《えいご》だ。
英語《えいご》わかりませーん。
サンキュー
やっぱ、英語《えいご》を勉強しよう。

差別《さべつ》という人権《じんけん》問題

差別《さべつ》とは、正当な理由なしに、個人《こじん》や集団《しゅうだん》に対して、ほかの人ならできることをさせなかったり、不利益《ふりえき》をあたえたりすることです。子ども同士《どうし》のいじめをはじめ、さまざまなところに多くの差別《さべつ》があります。

差別《さべつ》の多くは、多数の人たちが少数の人に対して行うものです。人種《じんしゅ》や宗教《しゅうきょう》による差別《さべつ》も、多くはそれが当てはまります。差別《さべつ》によって、平等権《けん》、自由権《けん》、社会権《けん》がうばわれます。どんな場合でも、差別《さべつ》はあってはなりません。

Maeven/Shutterstock.com

「白人のみ」と書かれたベンチ（南《みなみ》アフリカ共和国《きょうわこく》）。国によっては、人種《じんしゅ》による差別《さべつ》が合法《ごうほう》（法律《ほうりつ》で許《ゆる》されること）だった時代もある。

◉人種《じんしゅ》や民族《みんぞく》による差別《さべつ》

人種《じんしゅ》とは、人類《じんるい》を生物学的《てき》な特《とく》ちょうによって区別《くべつ》したもので、白人、黒人、黄色人などがあります。アメリカでは、アフリカから連れてこられた黒人が奴隷《どれい》だった歴史《れきし》があり、長い間黒人に対する差別《さべつ》がありました（→２巻《かん》28ページ）。現在《げんざい》は、法《ほう》律《りつ》で黒人に対する差別《さべつ》は禁止《きんし》されていますが、さまざまな場面で根強く残《のこ》っています。

民族《みんぞく》とは、言葉など、同じ文化を持つ人々の集まりをいいます。ひとつの国に、いくつかの民族《みんぞく》が暮《く》らしている場合、少数民族《みんぞく》が差別《さべつ》を受けることがあります。民族《みんぞく》に対する差別《さべつ》が、内戦《ないせん》などの紛《ふん》争《そう》につながることもあります。

SPUTNIK/時事通信フォト

ミャンマーでは、以前《いぜん》から少数民族《みんぞく》のロヒンギャへの迫害《はくがい》があり、2017年に起こった武力衝突《ぶりょくしょうとつ》により、多くのロヒンギャの人々が難民《なんみん》として隣国《りんごく》にのがれた。

◉宗教《しゅうきょう》による差別《さべつ》

世界には、多くの宗教《しゅうきょう》があります。世界的《てき》な宗《しゅう》教《きょう》には、キリスト教、イスラム教、仏教《ぶっきょう》などがあり、民族《みんぞく》に特有《とくゆう》の宗教《しゅうきょう》もたくさんあります。また、同じ宗教《しゅうきょう》の中にも、少しずつ信仰《しんこう》の内容《ないよう》が異《こと》なる宗派《しゅうは》もあります。

歴史《れきし》上、宗教《しゅうきょう》や宗派《しゅうは》のちがいによる差別《さべつ》や対立は多くあり、それがもとで戦争《せんそう》になったことも少なくありません。日本でも、江戸《えど》時代にはキリスト教の信者《しんじゃ》は厳《きび》しく弾圧《だんあつ》されました。

現在《げんざい》の中東《ちゅうとう》*での紛争《ふんそう》も、宗教的《しゅうきょうてき》な対立が大きな要因《よういん》になっています。

＊中東《ちゅうとう》:地中海《ちちゅうかい》の東岸と南岸の、西アジアから北アフリカにかけての地域《きいき》。

Sean Pavone/Shutterstock.com

イスラエルのエルサレムは、ユダヤ教、キリスト教、イスラム教の聖地《せいち》で、そのことが中東《ちゅうとう》の対立の原因《げんいん》のひとつになっている。

人種《じんしゅ》や宗教《しゅうきょう》などによる差別《さべつ》が人権《じんけん》を損《そこ》なう

10 人や国の不平等をなくそう

SDGs《エスディージーズ》では、世界に残《のこ》るさまざまな差別《さべつ》をなくし、人種《じんしゅ》、民族《みんぞく》、宗教《しゅうきょう》などのちがいにより、あらゆる面で不利益《ふりえき》を受ける人をなくすことを目標《もくひょう》にしています。

人の不《ふ》平等をなくす

SDGs《エスディージーズ》の「10 人や国の不《ふ》平等をなくそう」のターゲットのひとつに、「年齢《ねんれい》、性別《せいべつ》、障《しょう》がい、人種《じんしゅ》、民族《みんぞく》、出自（生まれ）、宗教《しゅうきょう》などにかかわらず、すべての人々の社会的《てき》、経済的《けいざいてき》、政治的《せいじてき》な包含《ほうがん》（中に入れること）を促進《そくしん》する」があります。差別《さべつ》は人権《じんけん》をおかすことであり、また、差別《さべつ》があることによって、紛争《ふんそう》や対立などの問題が起こり、国の発展《はってん》をさまたげることにもなるからです。

Syda Productions/Shutterstock.com

シンガポールでは、ひとつの国の中に中華系《ちゅうかけい》、マレー系《けい》、インド系《けい》、その他と、多様な民族《みんぞく》が暮《く》らし、宗教《しゅうきょう》も多様。たがいを尊重《そんちょう》し合う政策《せいさく》が採《と》られている。

先住民族《せんじゅうみんぞく》の権利《けんり》を保障《ほしょう》する

ある地域《ちいき》にもともと暮《く》らしていた民族《みんぞく》を先住《せんじゅう》民族《みんぞく》といいます。世界には、90か国以上《いじょう》に、3.7億《おく》～5億《おく》人の先住民族《せんじゅうみんぞく》がいるといわれています。例《たと》えば、北アメリカには、もともとネイティブアメリカンが住んでいましたが、ヨーロッパからの移民《いみん》によって住む地域《ちいき》がせばめられてきました。

多くの先住民族《せんじゅうみんぞく》が差別《さべつ》や貧困《ひんこん》に苦しんでいます。国連《こくれん》では、先住民族《せんじゅうみんぞく》の権利《けんり》を守る宣言《せんげん》を採択《さいたく》し、SDGs《エスディージーズ》でも先住民族《せんじゅうみんぞく》の所得《しょとく》を増《ふ》やすことや平等に教育が受けられるようにすることをかかげています。

日本でも、先住民族《せんじゅうみんぞく》のアイヌへの差別《さべつ》や偏見《へんけん》をなくすための法律《ほうりつ》が制定《せいてい》されています（→1巻《かん》13ページ）。

Pierre Jean Durieu/Shutterstock.com

北アメリカの先住民族《せんじゅうみんぞく》、ネイティブアメリカン。先住民族《せんじゅうみんぞく》は独自《どくじ》の文化を持つが、ほかの文化の影響《えいきょう》を受けてもとの文化が失《うしな》われてしまうことも多い。

人種差別《じんしゅさべつ》などをなくす動き

◉国連《こくれん》が人種差別撤廃《じんしゅさべつてっぱい》条約《じょうやく》を採択《さいたく》

国連《こくれん》は、基本的人権《きほんてきじんけん》の保障《ほしょう》をうたった世界人権宣言《じんけんせんげん》にもとづき、1965年に人種差別《じんしゅさべつ》をなくすための国際条約《こくさいじょうやく》を採択《さいたく》しました。これが人種差別撤廃条約《じんしゅさべつてっぱいじょうやく》（あらゆる形態《けいたい》の人種差別《じんしゅさべつ》の撤廃《てっぱい》に関《かん》する国際条約《こくさいじょうやく》）です。

この条約《じょうやく》では、はだの色や民族《みんぞく》、出生などによる差別《さべつ》を禁止《きんし》し、参加《さんか》国は、そのために必要《ひつよう》な政策《せいさく》をとらなければなりません。日本は、1995年に加入《かにゅう》し、翌年《よくねん》に発効《はっこう》しました。

人種差別撤廃条約《じんしゅさべつてっぱいじょうやく》のおもな内容《ないよう》

人種《じんしゅ》、皮膚《ひふ》の色または種族的《しゅぞくてき》な出身を
理由とする人間の差別《さべつ》が、諸国《しょこく》間の
友好的《ゆうこうてき》かつ平和的《てき》な関係《かんけい》に対する障害《しょうがい》となる。

あらゆる形態《けいたい》および表現《ひょうげん》による人種差別《じんしゅさべつ》を
速《すみ》やかに撤廃《てっぱい》するために必要《ひつよう》なすべての措置《そち》をとる。

締約《ていやく》国は、人種差別《じんしゅさべつ》を非難《ひなん》し、また、あらゆる形態《けいたい》の
人種差別《じんしゅさべつ》を撤廃《てっぱい》する政策《せいさく》およびあらゆる
人種《じんしゅ》間の理解《りかい》を促進《そくしん》する政策《せいさく》をすべての適当《てきとう》な
方法《ほうほう》によりおくれることなくとることを約束《やくそく》する。

◉人種差別《じんしゅさべつ》に抗議《こうぎ》する人々

2020～21年に、アメリカで、黒人男性《だんせい》が警察官《けいさつかん》によって不適切《ふてきせつ》な拘束《こうそく》や銃撃《じゅうげき》などによって死亡《しぼう》する事件《じけん》が続《つづ》きました。これを人種差別《じんしゅさべつ》によるものであるとして、各地《かくち》で抗議《こうぎ》運動が起こりました。

スポーツ選手《せんしゅ》の中にも、抗議《こうぎ》の言葉を書いたマスクをして試合《しあい》に出場したり、試合《しあい》をボイコットしたりするなどの行動を起こす人が現《あらわ》れました。

Cynet photo

人種差別《じんしゅさべつ》に抗議《こうぎ》する人々（アメリカ・ワシントン）。
「Black《ブラック》 Lives《ライブズ》 Matter《マター》=黒人の命は重要《じゅうよう》」という言葉をかかげて抗議《こうぎ》した。

差別《さべつ》を生むものはなに?

差別《さべつ》を生むものは、私《わたし》たちの心の中にある偏《へん》見《けん》です。偏見《へんけん》とは、かたよった見方のことで、思いこみや決めつけともいえます。見た目や出身など、その人自身ではどうしようもないこと、合理的《てき》な根拠《こんきょ》のないことを理由に、特別《とくべつ》な目で見てしまうのです。偏見《へんけん》は、無知《むち》から生まれます。ものごとを正しく見る知識《ちしき》を持たないことが差別《さべつ》につながっているのです。

教育

学校に通えない子どもたち

ああ、難《むずか》しい!
算数ドリル
どうして ぼくたちは…、
勉強しなければ いけないんだろう?
ぼーぜん…
ほんと、いやに なっちゃう。
わかる
すぅ…
マンガ ○○○
ワハハハハ
このマンガ おもしれー
なんてことを!
世界には学校に 行きたくても通えない 子どもも多いと いうのに…。
教育の重要性《じゅうようせい》を わかってないね。
・・・・・
マンガの文字が読めるのも 教育のおかげだし…。
大人になってから 仕事をする ためにも教育は 大事だ。
そ、そうですね。
この問題が解《と》けるまでは 遊びに行きません。
にこ
よろしい。
…
でも、 やっぱり難《むずか》しい。
こつこつ やりましょう。

教育権《けん》が損《そこ》なわれている

学校に通って教育を受けることは、子どもが健全《けんぜん》に成長《せいちょう》し、大人になってから必要《ひつよう》な知識《ちしき》や技術《ぎじゅつ》を身につける意味からも、とても大切なことです。しかし、2018年時点で、６～11歳《さい》の子どもの12人に１人は小学校に通うことができていません。とくに、サハラ砂漠以南《さばくいなん》のアフリカでは、５人に１人が通うことができていません。

すべての人には、能力《のうりょく》に応《おう》じて教育を受ける教育権《けん》がありますが、多くの子どもの教育権《けん》が損《そこ》なわれているのです。

Marius Dobilas/Shutterstock.com

屋外の小学校（ケニア）。じゅうぶんな施設《しせつ》ではなくても学校に通える子どもはまだよいほうだ。

学校に通えない理由

子どもたちが学校に通えない理由はさまざまです。戦争《せんそう》や紛争《ふんそう》のある地域《ちいき》で暮《く》らす子どもたちは、命を守るのが精《せい》いっぱいで学校に通うどころではありません。家が貧《まず》しく、働《はたら》かなければならないために、学校に行く時間やお金がない子どももいます。また、国に教育にあてるためのお金が少なく、学校をつくったり、先生をやとったりすることが困難《こんなん》な場合もあります。さらに、とくに女子は、親が教育は必要《ひつよう》ないと考えるため、学校に通えないこともあります。

Riccardo Mayer/Shutterstock.com

水を運ぶ子どもたち。家の手伝《てつだ》いやきょうだいの世話をするために、学校に通えない子どもも多い。

教育を受けられないと困《こま》ること

教育を受けられないと困《こま》ることがたくさんあります。

文字の読み書きができないと本などを読めず、知識《ちしき》を身につけることが難《むずか》しくなります。そのために、大人になっても安定した仕事につけず、貧《ひん》困《こん》からぬけ出せないことがあります。また、子育てに必要《ひつよう》な知識《ちしき》がなく、子どもの健康《けんこう》を損《そこ》ねてしまうことにつながる場合もあります。

多くの人が教育を受けられない国では、経済《けいざい》発展《はってん》が難《むずか》しく、交通や流通、通信《つうしん》などでの不便《ふべん》な点がなかなか改善《かいぜん》できません。

ABC
教育は、ほかのさまざまなこととつながっているね。

教育を受けられないと、生存権《せいぞんけん》や勤労《きんろう》の権利《けんり》も損《そこ》なわれる

SDGs《エスディージーズ》では、だれもが公平に教育を受けられることを目標《もくひょう》にしています。
男女の差別《さべつ》なく、大学をふくむ高等教育を受けられることをめざします。

教育を受けることで生活を豊《ゆた》かに

人間らしく豊《ゆた》かに生きることは、生存権《せいぞんけん》として認《みと》められています。SDGs《エスディージーズ》の「4　質《しつ》の高い教育をみんなに」は、教育を受けることで、貧困《ひんこん》からぬけ出し、人間らしい暮《く》らしができる可能性《かのうせい》が高まることをめざしています。さらに、多くの人が基本的人権《きほんてきじんけん》を尊重《そんちょう》しなければならないことや、平和の大切さを知ることで、紛争《ふんそう》をなくせるかもしれません。

また、環境《かんきょう》問題やその解決法《かいけつほう》を知ることで、持続可能《じぞくかのう》な社会をつくることにつながります。

Avatar_023/Shutterstock.com

タンザニアの学校。男女ともに、質《しつ》の高い教育を受けることが大切だ。

やりがいを持って働《はたら》けるように

仕事をするうえで、やりがいを持つことはとても大切です。やりがいを持って仕事をすることで、充実《じゅうじつ》感を得《え》られ、自分を高めることができます。また、社会の一人ひとりがさまざまな仕事をすることで社会を支《ささ》え、経済的《けいざいてき》に発展《はってん》させていくことができます。SDGs《エスディージーズ》の「8　働《はたら》きがいも経済成《けいざいせい》長《ちょう》も」は、それらをめざしています。

そのもとになるのは教育です。教育を受けて仕事に関《かん》する技術《ぎじゅつ》や能力《のうりょく》を身につけることで、やりがいのある仕事についたり、新しく事業をおこしたりできるのです。

MrKawa/Shutterstock.com

ウガンダの職業訓練《しょくぎょうくんれん》学校。ミシンの使い方を学ぶ。学校で技術《ぎじゅつ》と能力《のうりょく》を身につけることで、やりがいのある仕事につける可能性《かのうせい》が高くなる。

教育を受けられるようにする取り組み

◉教育への意識《いしき》を高めるプロジェクト

2004年、アフリカのニジェールで、「みんなの学校」プロジェクトが始まりました。保護者《ほご》、先生、地域《ちいき》の住民《じゅうみん》が学校運営《うんえい》委員会をつくり、学校を運営《うんえい》するプロジェクトです。住民《じゅうみん》みんなが教育の重要性《じゅうようせい》を意識《いしき》し、子どもたちを学校に通わせるようにしました。この取り組みはアフリカのほかの国にも広がり、2021年時点で、アフリカの８か国、約《やく》５万3000校におよんでいます。

写真提供/JICA

「みんなの学校」プロジェクトでつくられたガーナの学校での授業《じゅぎょう》。

◉開発途上《とじょう》国への教育を支援《しえん》

開発途上《とじょう》国の子どもたちが学校に通えるようにするためには、まず学校を整備《せいび》し、先生を養成《ようせい》する必要《ひつよう》があります。また、教育は大切なものという意識《いしき》を親たちに持たせなくてはなりません。

井戸《いど》や水道を整備《せいび》することも大切です。教育とは直接関係《ちょくせつかんけい》ないようですが、子どもたちが水くみに費《つい》やす時間を減《へ》らすことができるからです。また、学校にトイレがないという理由で通えない女子も多いので、トイレをつくることも教育の普及《ふきゅう》につながります。日本を始めとした先進国は、これらの支援《しえん》をしています。

写真提供/JICA

JICA《ジャイカ》(国際協力機構《こくさいきょうりょくきこう》)の活動でできた井戸《いど》(ウガンダ)。

開発途上《とじょう》国へ学用品の支援《しえん》も

開発途上《とじょう》国では、学校の設備《せつび》だけでなく、子どもたちが使う学用品もじゅうぶんではありません。

ランドセル、筆記用具、ノートなど、不用《ふよう》になった学用品を集めて海外の子どもたちに送る活動をしている団体《だんたい》もあります。私《わたし》たちも、いらなくなった学用品を送ることで、開発途上《とじょう》国の子どもたちの教育の支援《しえん》をすることができます。

難民《なんみん》

紛争《ふんそう》に巻《ま》きこまれる人々

ちょっと…
私《わたし》のほうにものを置《お》かないでよ!
あいてるからいいじゃないか。
だめ!
けち!
なんですって!?
まあまあ。
ポン
いて!
なにするんだ!
なによ!
そっちこそ!
やめて!
紛争《ふんそう》*はやめなさい!
紛争《ふんそう》は、多くの犠牲《ぎせい》者や悲劇的《ひげきてき》な難民《なんみん》を生む。
難民《なんみん》?
そう、住む場所がなくなってしまう重大な人権《じんけん》問題だよ。
ヒュー
すみませーん。
じっくり国境交渉《こっきょうこうしょう》をしよう。
しよう

＊紛争《ふんそう》：争《あらそ》い、もめごと。個人《こじん》間のけんかから国同士《どうし》の戦争《せんそう》までをふくむ。

なくならない紛争《ふんそう》

人類《じんるい》は20世紀《せいき》のうちに、２度も世界の国々を巻《ま》きこむ大きな戦争《せんそう》を経験《けいけん》しました。また、たくさんの人の命を一瞬《いっしゅん》でうばうおそろしい核兵器《かくへいき》（原子爆弾《ばくだん》や水素爆弾《すいそばくだん》）を手にしました。「次に世界戦争《せんそう》が起これば人類《じんるい》はほろびてしまう」、そんな悲劇《ひげき》を未然《みぜん》に防《ふせ》ぎ、世界の平和を維持《いじ》するために、1945年に国《こく》際連合《さいれんごう》（国連《こくれん》）がつくられました。

しかし、その後も悲惨《ひさん》な紛争《ふんそう》は絶《た》えません。こうしている今も、世界のどこかで争《あらそ》いが起こり、たくさんの人々の人権《じんけん》が損《そこ》なわれているのです。

AFP＝時事

2022年2月、ロシア軍《ぐん》が隣国《りんごく》のウクライナに攻《せ》めこんだ。

住む場所を追われる人々

紛争《ふんそう》や迫害《はくがい》、暴力《ぼうりょく》、人権侵害《じんけんしんがい》などが原因《げんいん》でもともと住んでいた場所を追われ、国境《こっきょう》をこえて別《べつ》の国にのがれる人を、難民《なんみん》といいます。また、国境《こっきょう》をこえずに国内で安全な場所へ移動《いどう》して避難《ひなん》生活を送っている人々もいます。

これらの人々は、住む場所がなく、仕事につくこともなかなかできないので、だれかからの支援《しえん》がなければ生きていけません。子どもたちも、教育を受けることが難《むずか》しくなります。また、新しく住もうとする土地で差別《さべつ》を受けることもあります。

自分たちのせいではないのに、人権《じんけん》をおかされた暮《く》らしをせざるを得《え》ないのです。

故郷《こきょう》を追われた人の数

難民《なんみん》と国内で移動《いどう》した人の合計

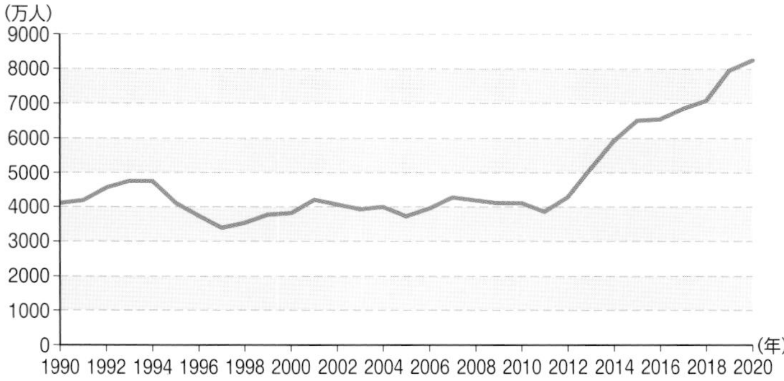

出典：IDMC

シリアの内戦《ないせん》からのがれ、ボートでヨーロッパにのがれる人々。

Nicolas Economou/Shutterstock.com

国を追われ、平等権《けん》や生存権《せいぞんけん》を損《そこ》なわれる人々

10 人や国の不平等をなくそう

16 平和と公正をすべての人に

SDGs《エスディージーズ》では、難民《なんみん》が発生しないこと、また、難民《なんみん》になってしまった人々の人権《じんけん》が守られることを目標《もくひょう》としています。

不《ふ》平等のない社会をめざす

SDGs《エスディージーズ》の「10　人や国の不《ふ》平等をなくそう」の目標《もくひょう》の中に、「計画にもとづき、よく管理《かんり》された移民政策《いみんせいさく》の実施《じっし》などを通して、安全で規則的《きそくてき》な、責任《せきにん》ある移住《いじゅう》を進める」という内容《ないよう》があります。難民《なんみん》となった人々が、ほかの国で受け入れられること、また、その場所で医療《いりょう》や教育などの差別《さべつ》や不《ふ》平等にさらされないようにすることをめざしています。その前段階《だんかい》として、国内に差別《さべつ》があることは、人権《じんけん》をおかすものであるとともに、紛争《ふんそう》の原因《げんいん》となり、ひいては難民《なんみん》を発生させることにもなるので、国内で平等な社会をめざすことが大切です。

Sk Hasan Ali/Shutterstock.com

ミャンマーから隣国《りんごく》のバングラデシュにのがれ、食料《しょくりょう》の支給《しきゅう》を待つロヒンギャの難民《なんみん》。

平和な社会を築《きず》いて人権《じんけん》を守る

SDGs《エスディージーズ》の「16　平和と公正をすべての人に」は、紛争《ふんそう》や戦争《せんそう》をなくすことで難民《なんみん》になる人が出ないことをめざしています。紛争《ふんそう》によって命がおびやかされるような状況《じょうきょう》では、教育や仕事がじゅうぶんにできないことはいうまでもありません。まず、何をおいても紛争《ふんそう》のない社会をつくることが大切です。

他国へのがれた難民《なんみん》は立場が弱いことが多く、さまざまな不利益《ふりえき》を受けがちです。しかし、弱い立場の人々の人権《じんけん》が損《そこ》なわれることがあってはなりません。立場の弱い人々が不利《ふり》な状況《じょうきょう》にならないようにすることもSDGs《エスディージーズ》の目標《もくひょう》です。

Free Wind 2014/Shutterstock.com

難民《なんみん》キャンプに設《もう》けられた学校で学ぶ、ソマリアの子どもたち。

難民《なんみん》の人権《じんけん》を守る取り組み

難民《なんみん》を支援《しえん》する条約《じょうやく》と機関《きかん》

国連《こくれん》は、難民《なんみん》の人権《じんけん》を保障《ほしょう》し、難民《なんみん》問題を解《かい》決《けつ》するため、1951年に「難民《なんみん》の地位《ちい》に関《かん》する条《じょう》約《やく》」を採択《さいたく》しました。この条約《じょうやく》で、難民《なんみん》の保護《ほご》を保障《ほしょう》し、生命の安全を確保《かくほ》しています。

また、1950年に、国連難民高等弁務官事務《こくれんなんみんこうとうべんむかんじむ》所《しょ》（UNHCR《ユーエヌエイチシーアール》）が設置《せっち》され、難民《なんみん》の保護《ほご》と援助《えんじょ》に当たるようになりました。

「難民《なんみん》の地位《ちい》に関《かん》する条約《じょうやく》」のおもな内容《ないよう》

難民《なんみん》に対して、人種《じんしゅ》、宗教《しゅうきょう》、出身国による
差別《さべつ》をしないこと。

難民《なんみん》に対して、初等《しょとう》教育に関《かん》しては
自国民《じこくみん》と同じように受けさせること。

難民《なんみん》に対して、公的《こうてき》な支援《しえん》や援助《えんじょ》は、
自国民《じこくみん》と同じようにあたえること。

難民《なんみん》を、生命や自由をおびやかされるおそれのある
地域《ちいき》へ追放したり、送りこんだりしてはならない。

難民《なんみん》の受け入れと保護《ほご》

ヨーロッパの国々では、20世紀初《せいきはじ》めから難民《なんみん》に関《かん》する問題が注目され、議論《ぎろん》がなされてきました。そのため、現在《げんざい》もヨーロッパ諸国《しょこく》は、難民《なんみん》を多く受け入れ、保護《ほご》しています。難民《なんみん》の担当《たんとう》機関《きかん》を置《お》き、無料《むりょう》で医療《いりょう》が受けられる制度《せいど》を採《と》り入れている国もあります。

これに対し、日本は難民《なんみん》の受け入れ数が少なく、国際的《こくさいてき》に批判《ひはん》を受けることがあります。

難民《なんみん》問題を根本的《てき》に解決《かいけつ》するには、紛争《ふんそう》のない平和な社会をつくることが最《もっと》もよいのですが、その実現《じつげん》はまだまだ難《むずか》しそうです。

Heiko Kueverling/Shutterstock.com

ドイツに設置《せっち》されている難民避難《なんみんひなん》所。

多数の難民《なんみん》を生んだウクライナ侵攻《しんこう》

2022年２月、ロシアが隣国《りんごく》のウクライナに軍《ぐん》を送って攻《せ》めこみ、両国間が戦争状《せんそうじょう》態《たい》になりました。ロシア軍《ぐん》は、ウクライナの主要《しゅよう》な都市を攻撃《こうげき》し、各地《かくち》で大きな被害《ひがい》が発生しました。また、ウクライナから周《しゅう》辺《へん》の国へのがれる人々が続出《ぞくしゅつ》し、2022年３月９日時点で200万人に達《たっ》しています。

ウクライナからの難民《なんみん》

2022年3月9日時点

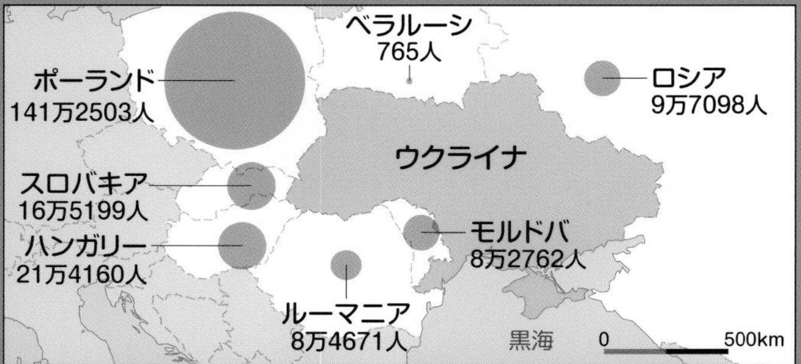

出典：UNHCR

経済《けいざい》
格差《かくさ》

先進国と開発途上《とじょう》国

おー。
このT《ティー》シャツ、500円だって。
安いね。
のこり1枚《まい》だよ
どこでつくられたんだろう。
バングラデシュって書いてあるね。
どうしてこんなに安くできるのかな。
きっと人件費《じんけんひ》が安いんだと思う。
開発途上《とじょう》国は物価《ぶっか》が安いのか。
そういう面もあるけど…。
ふーむ
わ 先生!
先進国の企業《きぎょう》が、不当《ふとう》に安い賃金《ちんぎん》で働《はたら》かせているのかも…。
え!
だとしたら、人権《じんけん》を無視《むし》したやり方だね。
先進国と開発途上《とじょう》国の格差《かくさ》は、人権《じんけん》問題にも関《かか》わるんだ。
……
……
そういう問題にも目を向けよう。
あ
話している間にほかの人が買っていっちゃった。
500円のTシャツが…
しかたないね。

地域間《ちいきかん》の経済格差《けいざいかくさ》

世界には200近くの国がありますが、いろいろな面で差《さ》があります。地球の北側《きたがわ》に多い先進国は、工業がさかんで経済《けいざい》が発展《はってん》し、多くの人が豊《ゆた》かな生活をしています。いっぽう、南側《みなみがわ》に多い開発途上《とじょう》国は、紛争《ふんそう》が多く、貧困《ひんこん》や飢餓《きが》などの問題をかかえています。

南北の国々の経済格差《けいざいかくさ》からは、さまざまな問題が生まれます。これを、南北問題と呼《よ》んでいます。

出典：IMF

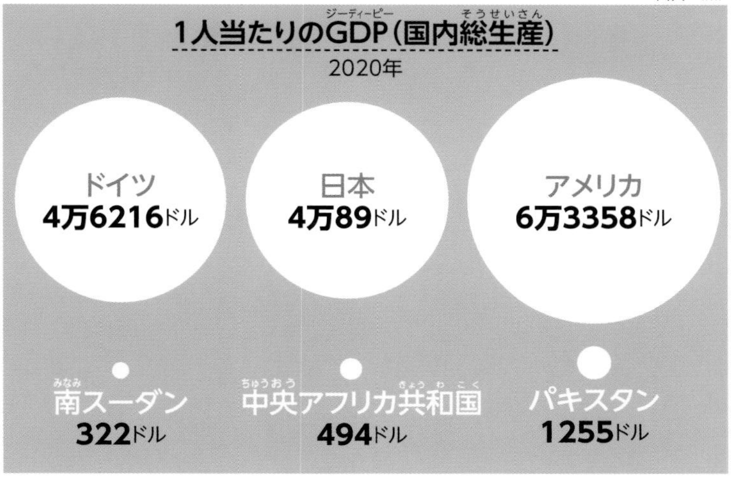

特定《とくてい》の農作物を栽培《さいばい》する開発途上《とじょう》国

開発途上《とじょう》国の多くが、かつては先進国の植《しょく》民地《みんち》で、コーヒーやカカオ、バナナなど、特定《とくてい》の農作物を栽培《さいばい》することをおしつけられていました。また、特定《とくてい》の鉱物資源《こうぶつしげん》の生産《せいさん》で経済《けいざい》を支《ささ》えている国も多くあります。そのため、農作物が不作《ふさく》になったり、資源《しげん》の取引価格《とりひきかかく》が下がったりすると、国の経済《けいざい》は大きな打撃《だげき》を受けます。これらの国ではなかなか工業化が進まず、先進国との経済格差《けいざいかくさ》を解消《かいしょう》することが難《むずか》しい状況《じょうきょう》です。

BOULENGER Xavier/Shutterstock.com

カカオの輸出《ゆしゅつ》が多いコートジボワールで、カカオを乾燥《かんそう》させる作業をする人々。

開発途上《とじょう》国の間の格差《かくさ》

中国、インド、ブラジルなど、開発途上《とじょう》国の中でも、近年工業化が進み、めざましい経《けい》済成長《ざいせいちょう》をとげている国があります。また、サウジアラビアなど、石油資源《しげん》が豊富《ほうふ》な国は、経《けい》済的《ざいてき》にも豊《ゆた》かです。これらの国々と、経済成《けいざいせい》長《ちょう》から取り残《のこ》された国々との間で、新たな格《かく》差《さ》が生まれています。これを南南問題といいます。

貧《まず》しい国では、飢餓《きが》、感染症《かんせんしょう》、失業《しつぎょう》、子どもの高い死亡率《しぼうりつ》などの問題が深刻《しんこく》で、なかなか解決《かいけつ》することができません。

Sara Berdon/Shutterstock.com

アフリカの貧《まず》しい村。アフリカには、電気も水道も使えない人々が多い。

協力《きょうりょく》して格差《かくさ》をなくすことで人権《じんけん》を尊重《そんちょう》する世界を

SDGs《エスディージーズ》では、国と国の間の格差《かくさ》をなくそうとしています。
また、世界の国や人々が協力《きょうりょく》してその目標《もくひょう》を達成《たっせい》することを呼《よ》びかけています。

開発途上《とじょう》国への経済的支援《けいざいてきしえん》を

だれもが等しく人権《じんけん》を尊重《そんちょう》されるべきなのに、生まれてくる場所によって、生活やあつかいに格差《かくさ》ができてしまうのはおかしなことです。SDGs《エスディージーズ》の「10 人や国の不《ふ》平等をなくそう」は、世界中から不《ふ》平等をなくし、だれもが人権《じんけん》を尊重《そんちょう》されることをめざしています。

世界経済《けいざい》についてなにかを決める場合も、開発途上《とじょう》国の参加《さんか》や発言を増《ふ》やすことで、先進国の利益《りえき》にかたよらない、だれもが納得《なっとく》できる制度《せいど》につくり変《か》えていけるとしています。資金《しきん》を必要《ひつよう》とする国へ、適切《てきせつ》にお金が流れるようにすることも目標《もくひょう》としています。

©PPS通信社

2021年6月に開かれた先進国の財務大臣《ざいむだいじん》による国際会議《こくさいかいぎ》。

先進国と開発途上《とじょう》国は、対等な立場でなければならないね。

国際協力《こくさいきょうりょく》で経済《けいざい》を発展《はってん》させる

SDGs《エスディージーズ》の「17 パートナーシップで目標《もくひょう》を達成《たっせい》しよう」は、国際協力《こくさいきょうりょく》をすることで、目標《もくひょう》を達成《たっせい》しようと呼《よ》びかけています。先進国からの援助《えんじょ》のほか、国以外《いがい》にも複数《ふくすう》の財源《ざいげん》から開発途上《とじょう》国のための資金《しきん》を集めることを目標《もくひょう》としています。開発途上《とじょう》国は、援助《えんじょ》を受けた資金《しきん》で産業《さんぎょう》を発展《はってん》させ、輸出《ゆしゅつ》を増《ふ》やしていくことで経済的《けいざいてき》な発展《はってん》をし、ひいては貧困《ひんこん》や飢餓《きが》をなくそうとしています。そうすることで、人々が豊《ゆた》かに暮《く》らす権利《けんり》を保障《ほしょう》できるのです。

輸出《ゆしゅつ》用に運ばれるバナナ（ウガンダ）。輸出《ゆしゅつ》をさかんにすることで、経済的《けいざいてき》に豊《ゆた》かになる。

Travel Stock/Shutterstock.com

国の格差《かくさ》をなくす取り組み

自立した経済発展《けいざいはってん》のための協力《きょうりょく》を

日本が開発途上《とじょう》国に対して政府《せいふ》開発援助《えんじょ》（ODA《オーディーエー》）をしているように、先進国は開発途上《とじょう》国に、さまざまな援助《えんじょ》をしています。しかし、資金《しきん》を援助《えんじょ》するだけでは、一時しのぎの助けにしかなりません。技術《ぎじゅつ》を身につけた人材《じんざい》を育《いく》成《せい》することで、産業《さんぎょう》が根づき、自立した経済発展《けいざいはってん》が可能《かのう》になります。日本のJICA《ジャイカ》（国際協力機構《こくさいきょうりょくきこう》）は、そのような考えにもとづき、技術協力《ぎじゅつきょうりょく》プロジェクトを実施《じっし》したり、青年海外協力隊《きょうりょくたい》を各国《かっこく》に送ったりしています。

写真提供/JICA

橋を管理《かんり》するための技術《ぎじゅつ》を訓練《くんれん》しているようす（モンゴル）。

「人間の安全保障《ほしょう》」にもとづく社会をめざす

国際《こくさい》化が進み、交通や通信《つうしん》で世界中がつながっている今日においては、紛争《ふんそう》だけでなく、環境《かんきょう》問題、災害《さいがい》、感《かん》染症《せんしょう》、人権侵害《じんけんしんがい》など、とうてい一国では解決《かいけつ》できない多様な問題が生じています。それぞれの国は、自国の領土《りょうど》と国民《こくみん》の安全を保障《ほしょう》するだけではなく、地球上の一人ひとりの生命や人権《じんけん》を重んじる「人間の安全保障《ほしょう》」の視点《してん》から、だれもが人間らしく暮《く》らせる社会をめざすことが望《のぞ》まれます。

SDGs《エスディージーズ》の達成《たっせい》をめざす行動は、「人間の安全保障《ほしょう》」につながるのです。

地球の一人ひとりの生命や人権《じんけん》を大切に考える。

Pixel-Shot/Shutterstock.com

よい商品を買うことがみんなのために

企業《きぎょう》の中にも、開発途上《とじょう》国の原料《げんりょう》や製品《せいひん》を適正《てきせい》な価格《かかく》で買うことで、その国の人々の生活改善《かいぜん》を支援《しえん》しようという考えで取り引きをするところが増《ふ》えています。このような取り引きを、フェアトレードといいます。

私《わたし》たちがフェアトレードによって生まれた製品《せいひん》を買えば、その代金が生産《せいさん》している国にわたって、また新たな製品《せいひん》をつくる資金《しきん》ができることになり、持続可能《じぞくかのう》な生産《せいさん》につながります。

人権《じんけん》と死刑制度《しけいせいど》

世界の大多数の国では、死刑制度《しけいせいど》をなくしています。人権《じんけん》との関《かか》わりから死刑制度《しけいせいど》を考えてみましょう。

◉世界と日本の死刑制度《しけいせいど》

日本では、犯罪《はんざい》に対する刑罰《けいばつ》は、刑法《けいほう》で定められています。いくつかある刑罰《けいばつ》の中で最《もっと》も重いものが死刑《しけい》です。2020年末《まつ》時点で、日本と同じように刑罰《けいばつ》に死刑《しけい》がある国・地域《ちいき》は、アメリカや中国など55で、世界的《てき》に見れば少数派《は》です。

ヨーロッパの国々を中心に、死刑制度《しけいせいど》がない、あるいはあっても実施《じっし》されていない国・地域《ちいき》が144と大多数です。

死刑制度《しけいせいど》があるおもな国・地域《ちいき》

2020年末《まつ》

日本	アフガニスタン	イエメン
北朝鮮《きたちょうせん》	イラン	ソマリア
中国	イラク	ボツワナ
台湾《たいわん》	アラブ首長国連邦《しゅちょうこくれんぽう》	リビア
インド	サウジアラビア	レソト
インドネシア	ヨルダン	ジンバブエ
シンガポール	レバノン	アメリカ合衆国《がっしゅうこく》
バングラデシュ	シリア	キューバ

◉国際条約《こくさいじょうやく》では死刑《しけい》は廃止《はいし》に

1966年に国連《こくれん》が採択《さいたく》した国際人権規約《こくさいじんけんきやく》では、「死刑《しけい》は最《もっと》も重大な犯罪《はんざい》にのみ科すことができる」とされていました。しかし、1989年の死刑廃止条約《しけいはいしじょうやく》（死刑《しけい》の廃止《はいし》を目指す市民的及《しみんてきおよ》び政治的《せいじてき》権利《けんり》に関《かん》する国際規約《こくさいきやく》の第２選択議定《せんたくぎてい》書）は、死刑《しけい》が人間の生命に対する権利《けんり》をおかしているとして、「締約《ていやく》国の管轄《かんかつ》内にある者は、死刑《しけい》を執行《しっこう》されない」と定めています。この条約《じょうやく》を受けて、死刑制度《しけいせいど》を廃止《はいし》する国が増《ふ》えました。2022年２月時点で、日本はこの条約《じょうやく》を批准《ひじゅん》していません。

朝日新聞社／PPS通信社

死刑廃止《しけいはいし》をうったえる人々。

◉死刑制度《しけいせいど》をめぐる議論《ぎろん》

　死刑制度《しけいせいど》を続《つづ》けるか廃止《はいし》するか、それぞれの側《がわ》に支持《しじ》する人がいて、長い間、議論《ぎろん》されてきました。日本では、今のところ、やむを得《え》ないという人の割合《わりあい》が、廃止《はいし》すべきという人の割合《わりあい》を上回っています。

死刑制度《しけいせいど》についての意識《いしき》

2019年度11月調査《ちょうさ》

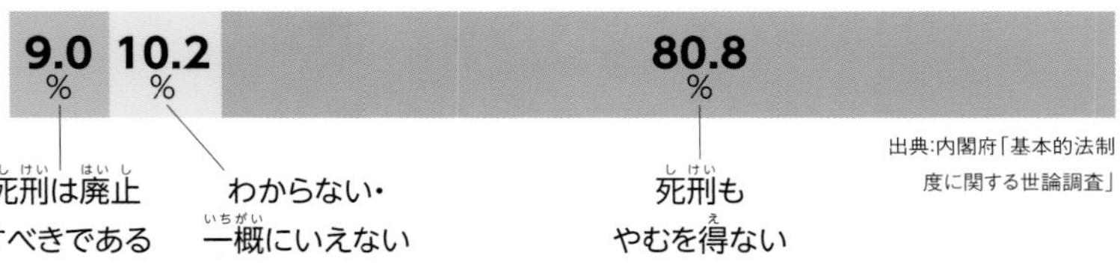

出典:内閣府「基本的法制度に関する世論調査」

死刑制度《しけいせいど》を廃止《はいし》すべき

裁判《さいばん》でまちがった判決《はんけつ》を出して死刑《しけい》になったら取り返しがつかない。

国であっても人を殺《ころ》すことは人権《じんけん》を損《そこ》ねている。

死刑《しけい》は、憲法《けんぽう》が禁《きん》じている「残虐《ざんぎゃく》な刑罰《けいばつ》」に当たる。

生きたまま罪《つみ》をつぐなわせるべきだ。

世界的《てき》に死刑《しけい》を廃止《はいし》している。

死刑制度《しけいせいど》を存続《そんぞく》すべき

凶悪《きょうあく》な犯罪《はんざい》は、命でつぐなうべきです!

凶悪《きょうあく》な犯罪《はんざい》をした人を生かしておくと、また同じような犯罪《はんざい》をおかすかも…。

被害《ひがい》者の気がおさまらない!

死刑《しけい》がないと、凶悪《きょうあく》な犯罪《はんざい》が増《ふ》えると思う。

日本では、死刑《しけい》存続《そんぞく》派《は》のほうが多い。

朝日新聞社 / PPS通信社

強盗殺人《ごうとうさつじん》の疑《うたが》いで裁判《さいばん》になり、死刑判決《しけいはんけつ》を受けたものの、再審請求《さいしんせいきゅう》が認《みと》められて釈放《しゃくほう》され、48年ぶりに故郷《こきょう》に帰った袴田巖《はかまたいわお》さん。

Andrew Angelov/Shutterstock.com

人権《じんけん》はすべての人の問題

すべての人が人権《じんけん》を尊重《そんちょう》される社会に

SDGs《エスディージーズ》の達成《たっせい》に当たり、「だれひとり取り残《のこ》さない」ことがかかげられています。これは、私《わたし》たち一人ひとりがかけがえのない存在《そんざい》として人《じん》権《けん》を尊重《そんちょう》されなければならないという考えにもとづいています。

「自分だけがよければいい」、「ほとんどの人がよければいい」というのでは、本当の意味で目標《もくひょう》が達《たっ》成《せい》されたことにはなりません。あらゆる人が尊重《そんちょう》される社会になることに意味があるのです。

異《い》文化を体験《たいけん》することで、その文化への理解《りかい》が深まり、多様性《せい》を尊重《そんちょう》することにつながる。

©PIXTA

多様性《せい》を認《みと》めよう

私《わたし》たちは、一人ひとり、見た目もちがえば考え方もちがいます。国や地域《ちいき》が異《こと》なれば、言葉や習慣《しゅうかん》など、文化もさまざまです。このように、多くのちがいがあることを多様性《せい》といいます。

私《わたし》たちは、ともすれば、自分とちがうものを否定《ひてい》したり排除《はいじょ》したりしがちです。時にはそれが対立や紛争《ふんそう》に発展《はってん》することもあります。みんなの人権《じんけん》を尊重《そんちょう》することは、多様性《せい》を認《みと》め、相手を大切にするということです。まわりの人を大切にすることで、まわりの人からも自分が大切にされることになるでしょう。

Hurst Photo/Shutterstock.com

社会を変《か》え
られるかな。

だれひとり取り残《のこ》さない

よく学び、考え、行動しよう

人権《じんけん》を傷《きず》つける差別《さべつ》や偏見《へんけん》の多くは、無知《むち》から生まれます。よく知らないために、恐《おそ》れたり、さけたりするのです。いろいろな意見を聞いたり、本を読んだりして学びましょう。世界のできごとにも関心《かんしん》を持ち、どのようなことが起こっているのか、その原因《げんいん》はなんなのかを調べてみましょう。

ものごとを正しく知り、よく考えることで、正しい判断《はんだん》ができるはずです。そして、なにか自分にもできることをしてみましょう。一人ひとりの行動はわずかなものであっても、世界の人々が協力《きょうりょく》することで、やがて社会がよりよい方向に変《か》わっていくはずです。

3
うむむ…
う～ん
チョコレート
これからも人権《じんけん》に関心《かんしん》を持って学んでいこう！

世界の人権《じんけん》問題とSDGs《エスディージーズ》

この巻《かん》で学んだことをまとめておこう!

まとめ

児童労働《じどうろうどう》

世界の子どもの10人に1人が働《はたら》いている。

→健全《けんぜん》な成長《せいちょう》をさまたげる。

→教育権《けん》が損《そこ》なわれる。

SOMRERK WITTHAYANANTI /Shutterstock.com

貧困《ひんこん》と飢餓《きが》

7億《おく》人以上《いじょう》が極度《きょくど》に貧《まず》しい生活をしている。

10人に1人が深刻《しんこく》な食料《しょくりょう》不安《ふあん》にある。

→生存権《せいぞんけん》がおびやかされる。

clicksabhi/Shutterstock.com

男女の不《ふ》平等とLGBTQ《エルジービーティーキュー》差別《さべつ》

女性《じょせい》が不利益《ふりえき》を受ける。

LGBTQ《エルジービーティーキュー》が差別《さべつ》される。

→平等権《けん》が損《そこ》なわれる。

lazyllama/Shutterstock.com

人種《じんしゅ》や宗教《しゅうきょう》などによる差別《さべつ》

さまざまな差別《さべつ》に苦しむ。

先住民族《せんじゅうみんぞく》が差別《さべつ》や貧困《ひんこん》にあえぐ。

→人権《じんけん》がおかされ、不利益《ふりえき》を受ける。

WHITES ONLY

Maeven/Shutterstock.com

学校に通えない子どもたち

世界の子どもの12人に1人が学校に通えない。

→教育権《けん》、生存権《せいぞんけん》、勤労《きんろう》の権利《けんり》が損《そこ》なわれる。

Riccardo Mayer/Shutterstock.com

難民《なんみん》

紛争《ふんそう》で国を追われる。

→平等権《けん》、生存権《せいぞんけん》が損《そこ》なわれる。

Nicolas Economou/Shutterstock.com

経済格差《けいざいかくさ》

南北問題、南南問題がある。

→開発途上《とじょう》国の人々の人権《じんけん》が尊重《そんちょう》されない。

BOULENGER Xavier/Shutterstock.com

問題を解決《かいけつ》しなければ…。

さくいん

きみを強くする人権とSDGsの本

3 つくろう！ SDGsが拓く未来

監修 **伊藤賀一**（いとう・がいち）

1972年京都府生まれ。東進ハイスクールなど、多数の映像講座、予備校、塾、高校などの講師を経て、リクルート「スタディサプリ」日本史・倫理・政経・現社・歴史総合・公共地理・歴史・公民の9科を担当。43歳で早稲田大学教育学部に入学するなどずっと学びを続けている。司法試験予備校やシニア施設、全国各地の社会人向けカルチャースクールの教壇にも立つほか、ラジオパーソナリティやプロレスのリングアナウンサーとしても活躍。著書・監修書は50冊以上。

ブックデザイン	高橋コウイチ（WF）
企画・編集	山岸都芳・増田秀彰（小峰書店）
編集協力	大悠社
表紙イラスト	すぎうらあきら
イラスト	すぎうらあきら、川下隆
図版	アトリエ・プラン

2022年4月9日　第1刷発行
2023年3月9日　第2刷発行

監修者	伊藤賀一
発行者	小峰広一郎
発行所	株式会社 小峰書店

〒162-0066 東京都新宿区市谷台町4-15
電話 03-3357-3521 FAX 03-3357-1027
https://www.komineshoten.co.jp/

印刷	株式会社 三秀舎
製本	株式会社 松岳社

NDC360　39P　29×22cm
ISBN978-4-338-35303-8

参考文献

●伊藤賀一『くわしい 中学公民』（文英堂）●横藤田誠・中坂恵美子『人権入門［第4版］』（法律文化社）●横田洋三編『新国際人権入門 SDGs時代における展開』（法律文化社）●一般財団法人アジア・太平洋人権情報センター編『人権ってなんだろう？』（解放出版社）●池上彰監修『ライブ！ 現代社会2021』（帝国書院）●矢倉芳則・村田尋如監修『新訂第2版　倫理資料集』（清水書院）●ニュース解説室へようこそ！編集委員会編『ニュース解説室へようこそ！　2021-22』（清水書院）●南博、稲場雅紀『SDGs−危機の時代の羅針盤』（岩波書店）●蟹江憲史監修、一般社団法人Think the Earth編著『未来を変える目標 SDGsアイデアブック』（紀伊國屋書店）●池上彰監修『世界がぐっと近くなる SDGsとボクらをつなぐ本』（学研プラス）●特定非営利活動法人ReBit監修『「ふつう」ってなんだ？　LGBTについて知る本』（学研プラス）●秋山宏次郎監修、バウンド著『こどもSDGs なぜSDGsが必要なのかがわかる本』（カンゼン）●穐山守夫・市川直子・井上知樹編著『わかりやすい人権論ーよくわかるヒューマンライツー』（文化書房博文社）●中西哲生監修『スポーツでひろげる国際理解2　差別をのりこえていくスポーツ』（文溪堂）●アムネスティ・インターナショナル日本編著『差別と人権　差別される子どもたち』（絵本塾出版）●アムネスティ・インターナショナル日本編著『飢餓と貧困　食べられない子どもたち』（絵本塾出版）